SMOOTHIES

Detox your life

green & clean

CREATISSIMO
EINFACH.SELBER.MACHEN.

Tanja Dusy
Fotos von Klaus-Maria Einwanger

EMF
EIN BUCH DER
EDITION MICHAEL FISCHER

IMPRESSUM

Bibliografische Information der Deutschen Bibliothek.

Die Deutsche Bibliothek verzeichnet diese Publikation in der deutschen Nationalbibliografie. Detaillierte bibliografische Daten sind im Internet über http://www.d-nb.de/ abrufbar.

Die im Buch veröffentlichten Aussagen und Ratschläge wurden von Verfasserin und Verlag sorgfältig erarbeitet und geprüft. Eine Garantie für das Gelingen kann jedoch nicht übernommen werden, ebenso ist die Haftung der Verfasserin bzw. des Verlags und seiner Beauftragten für Personen-, Sach- und Vermögensschäden ausgeschlossen.

Die in diesem Buch enthaltenen Informationen, Anregungen und Ratschläge stellen die Meinung und Erfahrung der Autorin dar, basierend auf dem aktuellen Stand wissenschaftlicher Erkenntnisse. Sie wurden von der Verfasserin nach bestem Wissen und mit größter Sorgfalt recherchiert. Dennoch erfolgen alle Angaben ohne Gewähr und es kann keine Garantie übernommen werden. Das Buch kann eine persönliche Beratung oder kompetenten medizinischen Rat nicht ersetzen. Weder Autorin noch Verlag können für eventuelle Schäden oder Nachteile, die sich aus den im Buch enthaltenen Hinweisen ergeben, eine Haftung übernehmen. Jeder Leser und jede Leserin ist nach wie vor für das eigene Tun selbst verantwortlich.

EIN BUCH DER EDITION MICHAEL FISCHER

1. Auflage 2017

Covergestaltung, Illustrationen und Layout: Leeloo Molnár
Produktmanagement und Redaktion: Annika Christof
Fotos: Klaus-Maria Einwanger, Rosenheim

ISBN 978-3-86355-643-3

Printed in Slovakia

www.emf-verlag.de

REZEPTE

DIE GRUNDLAGEN

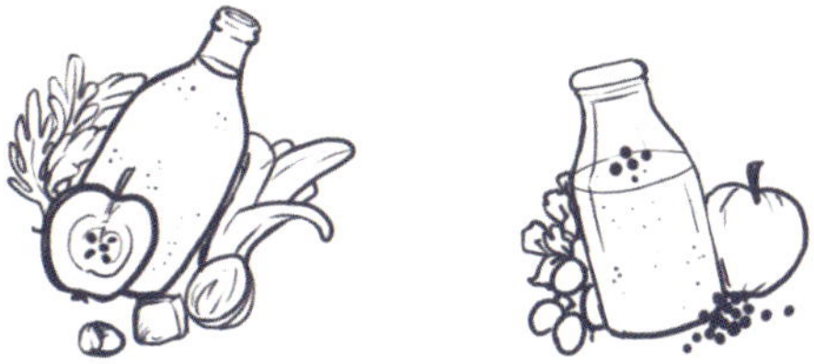

ZEIT FÜR DETOX

Schlecht über den Winter gekommen? Matt, schlapp, blass und ein paar Kilo zu viel auf den Rippen? Dann wird es höchste Zeit, eine kleine Detox-Pause einzulegen: am besten mit frischen Smoothies, die schnell wieder fit machen und dazu noch unverschämt gut schmecken.

MEHR ALS EIN TREND

Detox-Kuren sind nicht erst in Mode, seit Hollywoodstars davon schwärmen. Das sanfte Entgiften des Körpers durch Fasten oder eine leichte, die Verdauungsorgane anregende und den Körper reinigende Kost hat eine lange Tradition. Das ist heute umso aktueller, je mehr uns Umweltbelastungen, Rauchen, Trinken, aber vor allem auch unser Essen zusetzen. Speziell eine unausgewogene Ernährung hat nicht nur Auswirkungen auf Gewicht, Haut, Haare, sondern auch auf Fitness, Wachheit und gute Laune. Du bist, was du isst – und wer zu wenig gesunde Nährstoffe isst, dem sieht man das früher oder später an.

RICHTIG SAUER

Das reibungslose Funktionieren unseres Verdauungsapparats ist wesentlich für unseren Körper: Leber und Darm helfen uns zum einen, Vitamine und Nährstoffe aus Nahrung zu verwerten, und versorgen uns dadurch sofort mit Energie. Gleichzeitig werden anschließend Unverwertbares und Ungesundes über Darm oder Nieren ausgeschieden. Das funktioniert im Regelfall völlig reibungslos. Werden aber unsere Verdauungsorgane ständig unterversorgt bzw. überlastet, kommen sie mit ihrer Arbeit nicht mehr nach, werden „sauer" und streiken letztlich. Deshalb spricht man hier oft auch von „Übersäuerung": Ein Zuviel an stark säurebildenden Lebensmitteln wie Kaffee, Alkohol, Zucker, tierisches Fett in Form von Fleisch, Wurst oder Butter, Weißmehl und Gebäck in Kombination mit künstlichen Geschmacksverstärkern und Konservierungsstoffen ist letztendlich Gift für unseren Körper. „Basische Lebensmittel" hingegen entlasten und regenerieren die Verdauungsorgane.

SANFT UND SMOOTH

Es ist also wieder einmal Zeit, seinen Bauch etwas pfleglicher und sanfter zu behandeln bzw. ihn auch mal mit den richtigen Mitteln aus seinem trägen Schlaf zu wecken. Hier können Smoothies wahre Wunder wirken: Sie bestehen fast ausschließlich aus viel Gemüse und Obst, das kaum Säuren bildet und somit bereits entlastet. Dafür stecken sie aber voller Vitamine, Mineral- und sekundärer Pflanzenstoffe, die Magen, Darm und Leber stärken und mobilisieren.

STARK UND LECKER

In alle Smoothies kommen frisches (grünes) Gemüse, Obst und Wasser, möglichst zu fast gleichen Teilen. Wasser, auch in Form von wasserhaltigem Gemüse und Obst, z. B. Gurke oder Melone, wird dabei zum Abtransportieren von Giftstoffen und Durchspülen der Nieren benötigt. Und: Einige Zutaten haben das Detox-Plus, indem sie die inneren Organe anregen.

DETOX IST GRÜN …

Viele Detox-Smoothies erkennt man bereits an ihrer Farbe: In grünen Smoothies mit reichlich grünem (Blatt-)Gemüse und Kräutern steckt vor allem jede Menge Chlorophyll, das als äußerst wirksames antioxidatives Mittel gegen Umweltgifte, Stress etc. wirkt und die Abwehrkräfte mobilisiert. Spitzenreiter in Sachen Chlorophyll und anderer Antioxidantien ist Kohl, allen voran Grünkohl und Schwarzkohl, aber auch Brokkoli, Pak Choi oder der sanfte und leicht bekömmliche Spitzkohl. Grüne Kräuter wie Petersilie, Koriander oder Zitronengras sind nicht nur aromatische Würze, sondern richtige Heilmittel, die unsere Magen- und Darmflora positiv beeinflussen.

… UND MANCHMAL ROT

Rote Bete, blaue Trauben und viele Beeren verfügen über hochpotente Pflanzenfarbstoffe: Betalaine und Anthocyane. Auch sie dürfen reichlich in den Mixer.

DIE GRUNDLAGEN

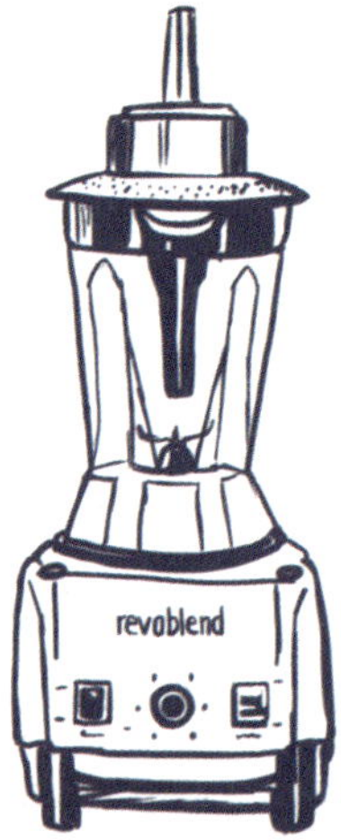

BLOSS NICHT SÜSS ...

Süßes ist im Rahmen eines Detox-Plans nicht vorgesehen, höchstens in Form natürlicher Fruchtsüße. Dafür dominieren andere Grundgeschmäcker. Vieles, was sofort als scharf, bitter oder sauer einzuordnen ist, ist ideal zum Entgiften, da es Reize für den Stoffwechsel setzt und Hinweis auf anregende Pflanzenstoffe ist.

... LIEBER SAUER

Zitrusfrüchte sind perfekte Detoxer: Sie enthalten viele Vitamine (Vitamin C) und wichtige Antioxidantien. Obwohl sie sauer schmecken, regen sie den Körper nicht zum Bilden von Säuren und damit einer Übersäuerung an. Ganz im Gegenteil, wie der Biss in eine Zitrone zeigt: Alles „zieht sich zusammen" und es bildet sich reichlich Speichel – erster hilfreicher Schritt auf dem Verdauungsweg, der dem Magen Arbeit abnimmt. Und weil sauer entlastet, sollte im Frühjahr ein Kraut im Smoothie auf keinen Fall fehlen, bei dem der Name schon Programm ist: Sauerampfer.

... MAL RICHTIG SCHARF

Rettich, aber vor allem Ingwer- und Kurkumawurzeln, haben es in sich. Ihre Schärfe bringt die Verdauungsorgane auf Trab und ist ein effektiver Bakterien- und Virenkiller, der Magen, Leber und Co. gesund hält. Kurkuma fördert z. B. hervorragend die Bildung von Gallenflüssigkeit und wirkt entzündungshemmend. Neuer Shootingstar in den USA ist Brunnenkresse, die dem Grünkohl in Sachen Nährstoffdichte den Rang abläuft. Ihre „scharfen" Inhaltsstoffe wirken blutreinigend und sollen jüngsten Studien zufolge sogar Schäden durch Nikotin neutralisieren.

... ODER SOGAR BITTER

Bitterstoffe in Pflanzen sind ein oft idealer Detox-Stoff. Darum stehen Salate wie Chicorée, Radicchio, Endivie und auch Löwenzahn ganz oben auf der Liste. Sie fördern die Bildung von Magen- und Gallensaft, helfen also massiv bei der Verdauung und beim Ausscheiden von Giftstoffen und sind natürliche Fettburner.

SIMPLY DETOX

Was bedeutet aber nun Detoxen im Alltag? Sinnvoll ist es, mit einer Detox-Kur von 3–5 Tagen zu starten: Wer es schafft, trinkt dreimal täglich einen Detox-Smoothie und dazwischen viel Wasser (eventuell als Tee mit Ingwer gekocht).
Bei der etwas entspannteren Variante einfach eine oder zwei Mahlzeiten am Tag durch einen Smoothie ersetzen. Während dieser Tage gilt auf jeden Fall: keine Zigaretten, keinen Alkohol, weder Kaffee noch (Schwarz-)Tee, keine Softdrinks, keine Süßigkeiten und Knabbereien. Die feste Mahlzeit neben den Smoothies sollte auch leicht sein: viel Gemüse, dazu etwas Soja oder Hülsenfrüchte, wer möchte, mageren Fisch. Fleisch, Wurst, Käse und Milchprodukte sollte man in dieser Zeit meiden und die Speisen nur sanft garen und sparsam würzen. Wer in dieser Zeit Gewicht verlieren möchte, kombiniert die Smoothies mit einer selbst gekochten Gemüsebrühe – die ist leicht, bekömmlich und hilft, Giftstoffe auszuschwemmen.

DETOX-GEMÜSEBRÜHE

Für ca. 2 l Brühe

1 Stange Lauch – 1 Knolle Fenchel (ca. 350 g) – 3 Stangen Staudensellerie – 2 dicke Möhren – 1 weißer Rettich (250 g) – 2 EL Kokosöl – Saft von ½ Zitrone – 20 g frischer Ingwer – 3 Stängel Liebstöckel – ½ TL schwarze Pfefferkörner – Himalaya-Salz oder Meersalz

Gemüse putzen, eventuell schälen. Lauch in Ringe, den Rest in grobe Stücke schneiden. Kokosöl in einem Topf erhitzen. Darin den Lauch andünsten, bis er leicht zu bräunen beginnt. Gemüse zugeben, 1 Minute unter Rühren bei starker Hitze andünsten, dann alles mit Zitronensaft und 2,5 l Wasser aufgießen. Ingwer schälen, in Scheiben schneiden und mit Liebstöckel und Pfeffer in den Topf geben. Aufkochen, dann 1 Stunde leicht köcheln lassen. Vom Herd nehmen, 15 Minuten durchziehen lassen. Die Brühe durch ein feines Sieb in einen zweiten Topf gießen und bei starker Hitze etwas einkochen lassen. Sparsam mit Salz würzen.

SPITZENREITER

Einfach spitze für einen sanften Detox-Einstieg: Der zarte Frühlingskohl regt Darm und Verdauung schonend an und Aloe vera wirkt regenerierend auf eine angeschlagene Darmflora.

1
100 g zarter
Spitzkohl
1 kleiner
grüner Apfel
STANGE
STAUDEN-
SELLERIE
2 EL
Zitronensaft
250 ml
Aloe-vera-
Saft

Green Wash

Alles muss raus: Brokkoli hilft dabei, Gurke und Kokoswasser versorgen gleichzeitig mit reichlich Mineralstoffen, die durch den Flüssigkeitsverlust entstehen können, und sorgen für straffe, rosige Haut.

60 g Brokkoliröschen
3 STANGEL MINZE
½ KLEINE MANGO (180 g)
80 g GURKE
200 ML Kokoswasser
2–3 EL Zitronensaft

SPRINGTIME

Frische grüne Kräuter vertreiben Frühjahrsmüdigkeit und machen schlank. Damit man satt ist und die Pfunde purzeln können, gibt's noch eine Extraportion Spinat – die beugt Heißhungerattacken vor.

1 Kästchen Kresse
100 ml Wasser
1 Handvoll Spinat, {60 g}
1 STÜCK Ananas (150 g)
1 Handvoll Kerbel
12 g
2–3 EL Zitronensaft

Red Knight

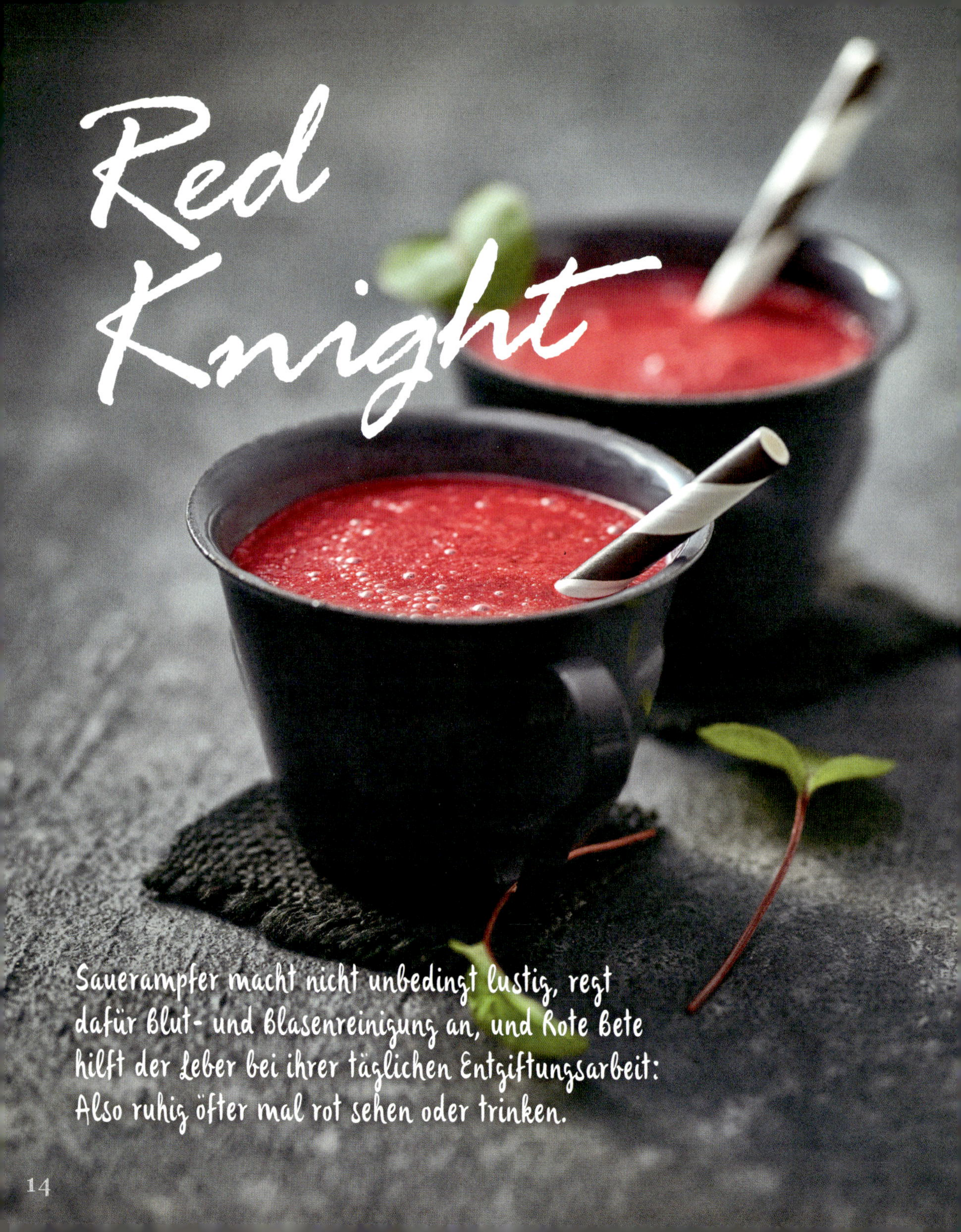

Sauerampfer macht nicht unbedingt lustig, regt dafür Blut- und Blasenreinigung an, und Rote Bete hilft der Leber bei ihrer täglichen Entgiftungsarbeit: Also ruhig öfter mal rot sehen oder trinken.

180 ml Wasser
1 Rote Bete
(100 g)
20 g rotstieliger Sauerampfer
1 EL weißes Mandelmus
1 kleine Birne (150 g)

SEA BREEZER

Der kühlt nicht nur wie eine frische Seebrise an heißen Tagen: In Asien schätzt man schon lange die entgiftende Wirkung von Zitronengras und Ingwer für Leber, Niere und Blase.

SAFT VON ½ LIMETTE
1 Stück Ingwer (15 g)
1 Stängel Minze
180 g GURKE
1 Stängel Zitronengras
300 g Netz- oder Galia-Melone

FROSCHKÖNIG

Brunnenkresse verdrängt King Kale vom Superfood-Thron: Das scharfe Kraut verfügt aber nicht nur über die höchste Nährstoffdichte. Es wirkt sogar gegen giftige Stoffe wie Nikotin – also ein Muss für alle Raucher.

300 ml Wasser
5 g Petersilie
60 g Gurke
140 g Mango
1/3 Avocado
25 g Brunnenkresse

Green Grass of Home

Gegen Übersäuerung ist ein Gras gewachsen: Gerstengras in frischer oder pulverisierter Form hilft, den Säure-Basen-Haushalt auszugleichen, und gibt Haut und Bindegewebe neue Spannkraft.

60g Schwarzkohl
1 Stange STAUDEN-SELLERIE
1 EL GERSTENGRASPULVER
100 g Mango
Saft von 3-4 Orangen
(150 ml)

Methusalix

Radicchio entgiftet mit seinen Bitterstoffen. Gleichzeitig kitzeln diese zusammen mit den Wirkstoffen von Trauben und Kakao körpereigene Aminosäuren wach, die dafür sorgen, dass wir lange jung bleiben.

100 g (tiefgefrorene) Sauerkirschen
1 EL Kakao-Nibs
100 g Radicchio
20–30 (dunkel)blaue Trauben

SUMMER WINE

Auch die Nieren wollen mal gründlich gesäubert werden: Prima Putzmittel sind herbe Preiselbeeren. Die werden durch Melone nicht nur versüßt: Die wasserhaltige Frucht hilft, Giftstoffe auszuschwemmen.

450 g Wassermelone
(geputzt ca. 350 g)
1 Stück INGWER (10 g)
1 Stängel Minze
40 (tiefgefrorene) Preiselbeeren

Orange Delight

Ein Schlankmacher-Drink, der ganz nebenbei Leber und Niere entgiftet: Hauptakteur ist dabei tropische Papaya. Wer die Wirkung verstärken will, mixt einen Teelöffel Samen davon mit.

200 g Papaya
1 Möhre (80 g)
1 STÄNGEL ZITRONENGRAS
3 Eiswürfel
SAFT VON 2 ORANGEN
1 STÜCK INGWER (5 G)

DARK JUNGLE

Spirulina-Algen geben diesem Drink nicht nur seine tiefgrüne Farbe: Sie können Giftstoffe und sogar Schwermetalle binden und helfen, sie aus dem Körper zu transportieren.

200 ml Wasser
40 G SPINAT
1 kleine Banane
2
3
GETROCKNETE
DATTELN
1
1 ROSA GRAPEFRUIT
50 G GRÜNKOHL
1 TL Spirulina-Pulver

Jadedrache

Früher fand man ihn nur in Chinas Garküchen: Heute wird der chinesische Senfkohl auch hierzulande angebaut. Seine Senföle sind anregend und wirken antibakteriell.

Saft von 1/2 Bio-Limette
+ 3 cm Schale
100 ml Wasser
100 g Pak Choi
1/3 grüner Apfel
1 Orange geschält

Löwenherz

Von wegen Unkraut: Löwenzahn wirkt blut- und leberreinigend, nicht zuletzt wegen seiner Bitterstoffe. Aber keine Angst, feine Birne oder süße Aprikosen sorgen hier trotzdem für jede Menge Trinkgenuss.

oder
1
Birne
(Forelle, 180 g)
2
Zuckeraprikosen
150 ml Wasser
1
Handvoll Spinat
(45 g)
2
Blätter Römer-salat (20 g)
4-5 Blätter Löwenzahn (20 g)

White Prana

Nicht nur für Yogis: Tief durchatmen sollte am Anfang oder Ende eines gelungenen Detox-Tages stehen. Das geht noch besser mit dieser milden Mandelmilch, die nicht belastet, aber satt und zufrieden macht.

Hauptrezept
White Prana

2 getrocknete MEDJOL-DATTELN

50 g geschälte Mandeln (über Nacht in Wasser einweichen, am nächsten Tag in einem Sieb abspülen)

Mark von 1/4 Vanilleschote

250 ml kalkarmes Wasser

2 Messerspitzen Himalya-Mineralsalz

Variante Yellow Prana
Hauptrezept +

2–3 Messerspitzen gemahlener Kardamom

1 getrocknete MEDJOL-DATTEL

1 STÜCK INGWER (12 G)

12 g Kurkumawurzel

Variante Green Zen
Hauptrezept +

1 getrocknete MEDJOL-DATTEL

1 TL Matcha-Pulver

2 Messerspitzen Zimtpulver

Wonder of Shiraz

In der persischen Küche sind getrocknete Berberitzen gern gesehene Gäste im Topf. Aber auch im Glas sind sie willkommen, als Detox-Mittel, das Leber und Galle befreit und feinsäuerlich schmeckt.

Wer will:
2–3 getrocknete DATTELN
1 Rote BETE (100 g)
1 EL getrocknete Berberitzen (in 150 ml Wasser einweichen)
100 g BROMBEEREN
Saft von 1 Orange
40 g ENDIVIENSALAT

Velvet Jewel

Wie kleine Rubine wirken die Kerne des Granatapfels. Die blutrote Farbe ist dabei Programm: Die darin enthaltenen Bitterstoffe sind blutreinigend und stärken gleichzeitig das Immunsystem.

1 kleiner Chicorée (70 g)
200 g Granatapfelkerne
40 g TK-Heidelbeeren
2 SPRITZER Zitronensaft

PAMEPELINO

Grapefruits sollten in keiner Detox-Kur fehlen. Die darin enthaltenen Flavonoide helfen der Leber auf die Sprünge. Inulin im Chicorée sorgt zusätzlich für eine gesunde Darmflora.

1
2
getrocknete
DATTELN
3 Eiswürfel
1
KLEINER
CHICORÉE
(100 G)
1 rosa Grapefruit
ganze
Frucht,
nur geschält
½
SAFTIGER APFEL
nicht grün!

A Radi-Mass

Statt Radlermaß im Biergarten gibts den Radi mal im Glas: Die für seine Schärfe verantwortlichen Senföle töten schädliche Bakterien und Pilze in Magen und Darm ab und regen die Verdauung an.

1/2 grüner Apfel
3
EISWÜRFEL
Saft von 1/2 Limette
200 g Ananas
1–2 Messerspitzen Zimtpulver zum Bestreuen

Greenländer

Radieschengrün ist viel zu schade für den Abfall – schlaue Smoothie-Mixer wissen: Sie putzen prima durch. Und damit Giftstoffe noch besser abtransportiert werden, gibt es leckeres Kokosmus, das diese perfekt bindet.

60 g
Radieschengrün
1 EL Zitronensaft
1/2
Birne
(90 g)
1 KLEINE BANANE
2 Blätter
RÖMERSALAT
20 G
KORIANDERGRÜN
1 EL Kokosmus

Green Sour

Ein Glas Wasser mit Zitrone ist das einfachste Detox-Mittel. In Verbindung mit Ingwer und Gurke wird daraus ein richtiger Detox-Booster, der prickelt, zischt und unglaublich erfrischt.

70 G GURKE
70 g grüne Trauben
1 GRÜNER APFEL (GRANNY SMITH)
1 Stück Ingwer (10 g)
4 EISWÜRFEL
1 Bio-Zitrone:
1 Scheibe
(1 CM MIT SCHALE)
+ Den Rest als Saft

ÜBER DIE AUTORIN

Tanja Dusy fühlt sich am wohlsten, wenn es in der Küche richtig rundgeht. Viele Jahre lang arbeitete sie als Kochbuch-Redakteurin und konnte sich auch als Autorin einen Namen machen. Ihr Titel „Smoothie – Obst-Power im Glas" hat sich mittlerweile über 150.000-mal verkauft und gilt als Longseller unter den Smoothie-Büchern. Als Küchenprofi entwickelt Tanja Dusy Rezepte, die nicht nur verlässlich gelingen, sondern auch das besondere Etwas haben.

Der **Revoblend RB500** ist der Ferrari unter den Mixern und ideal geeignet für das Zubereiten von Raw-Food-Mahlzeiten und Smoothies. Der Sockel besteht aus hochwertigen Materialien und ist somit sehr belastbar. Der Mixbehälter mit zwei Liter Fassungsvermögen ist garantiert bpafrei, da er aus Tritan-Kunststoff gefertigt wurde. Mit seinen sechs Klingen mit Wellenschliff macht der Revoblend vor nichts halt: Jede Form von Obst, Gemüse, Blattgrün, ja sogar Kerne, Nüsse oder Getreide zerkleinert er zu einer cremigen Masse. Bei 38.000 Umdrehungen pro Minute bleiben aufgrund der kurzen Mixzeit alle wertvollen Nährstoffe erhalten. So ist auch die beliebte Mandelmilch im Handumdrehen selbst hergestellt und das widerspenstigste Kohlrabigrün wird fix zum Green Smoothie gemixt.